CATALOGUE

DE

DESSINS

ANCIENS ET MODERNES

APPARTENANT A UN AMATEUR ALLEMAND

Et provenant des Célèbres Collections **Andréossy, Daigremont, duc de Feltre, Knieman, Desperret, Vallardi, etc., etc.**

DESSINS D'ORNEMENT

Par Lepautre, Toro, Lafosse, Lalonde, Salambier, Moreau & autres

UN GRAND NOMBRE DE LOTS DE GRAVURES, LITHOGRAPHIES ET PHOTOGRAPHIES

CETTE VENTE AURA LIEU

HOTEL DES COMMISSAIRES-PRISEURS

Rue Drouot, 5, Salle n° 4

Les Mercredi 11, Jeudi 12 & Vendredi 13 Décembre 1867

A UNE HEURE ET DEMIE

EXPOSITION AVANT LA VENTE

Par le ministère de Me **PHILIPPE LECHAT**, Commissaire-Priseur,
rue Saint-Lazare, 64,
Assisté de **M. BLAISOT**, Expert, rue de Rivoli, 178.

PARIS — 1867

Mr De la Barde

CATALOGUE

DE

DESSINS

ANCIENS ET MODERNES

APPARTENANT A UN AMATEUR ALLEMAND

Et provenant des célèbres collections **Andréossy, Daigremont, duc de Feltre, Kaieman, Desperret, Vallardi, etc., etc.**

DESSINS D'ORNEMENT

Par Lepautre, Toro, Lafosse, Lalonde, Salambier, Moreau & autres

UN GRAND NOMBRE DE LOTS DE GRAVURES, LITHOGRAPHIES ET PHOTOGRAPHIES

CETTE VENTE AURA LIEU

HOTEL DES COMMISSAIRES-PRISEURS

Rue Drouot, 5, Salle n° 4

Les Mercredi 11, Jeudi 12 & Vendredi 13 Décembre 1867

A UNE HEURE ET DEMIE

EXPOSITION AVANT LA VENTE

Par le ministère de M° **Philippe LECHAT**, Commissaire-Priseur,
rue Saint-Lazare, 64,
Assisté de **M. BLAISOT**, Expert, rue de Rivoli, 178.

PARIS — 1867

CONDITIONS DE LA VENTE

Elle sera faite au comptant.

Les Acquéreurs paieront, en sus des adjudications, CINQ CENTIMES PAR FRANC, applicables aux frais.

L'ordre numérique du Catalogue sera suivi.

DESSINS

1 **Valério**. Portrait d'un paysan hongrois.

2 — Un autre Portrait d'homme.
>Deux beaux Dessins à l'aquarelle, sur la même feuille.

3 **Ract**. Vue de la ville de Pesth. — Très-joli dessin à l'aquarelle.

4 — Vue de la Cathédrale de Côme. — Très-belle aquarelle.

5 **Alt**. Une Église grecque à Vienne. — Très-belle aquarelle.

6 **Mind**. Une Chatte et ses petits. — Charmant dessin à la pierre noire et à la mine de plomb.

7 **Balbi**. Le Calvaire. — Superbe dessin à l'aquarelle.

8 — Un Ecce-Homo faisant pendant du précédent et exécuté de la même manière.

9 **Raphaël Mengs**. Une Gloire d'anges. — Très-beau dessin aux trois crayons.

10 **Van Drielst**. Un Paysage. — Très-joli dessin à l'encre de Chine.

11 **Watteau** (Attribué à). Une feuille d'Études. — Croquis à la sanguine.

12 **Brand**. Intérieur d'un village. — Joli dessin à la plume.

13 **Molitor**. Un Paysage.

14 — Autre Paysage.

> Deux dessins à l'encre de Chine et rehaussés de blanc, sur la même feuille.

15 **Michel Corneille**. La Vierge, l'Enfant Jésus et saint Jean. — Beau dessin à la plume.

16 **Carle Maratte**. Tête de Christ. — A la pierre noire et à la sanguine.

17 **Franceschini**. Saint Sébastien. — Joli dessin à la pierre d'Italie.

18 **C. Maratte**. Tête de Vierge. — A la plume, lavé d'encre.

> Ces trois dessins sont sur la même feuille.

19 **Tornflit**. Concert de paysans dans un cabaret flamand. — Joli dessin à la sanguine.

20 **Paul Bril**. Une Marine, effet de lune. — Dessin à la plume, lavé de bistre et d'indigo.

21 **Van der Maas**. Portrait d'homme. — Aquarelle.

22 **Wocher**. Paysans flamands au cabaret. — Très-beau dessin lavé de sépia et rehaussé de blanc.

23 **Van Dyck** (D'après). — Portrait de Charles Ier. — Dessin à la pierre noire lavé de sépia.

24 **Horack**. Une Paysanne d'Ischel. — Charmante aquarelle.

25 **Eugène Lami**. Un Duel après le bal. — Superbe dessin admirablement exécuté à l'aquarelle.

26 **E. de Beaumont**. Mam'selle, c'est pas une peau d'lapin. — Joli dessin à la mine de plomb, lavé d'aquarelle.

27 **Hippolyte Bellangé**. Un Officier supérieur interrogeant un paysan à la porte d'une maison en ruines, près d'un camp. — Charmante aquarelle d'un fini précieux.

28 **Prout** (Attribué à). Tombeaux des rois de Pologne dans une chapelle, à Cracovie. — Très-belle aquarelle.

29 **Verboeckhoven** (Attribué à). Un Paysan gardant des cochons. — Belle aquarelle.

30 **Ender**. Jupiter et Junon. — Très-joli dessin exécuté au bistre et à l'encre de Chine.

31 **Raet**. Vue du Port de Spalattro, en Dalmatie. — Dessin à la pierre noire, lavé d'aquarelle.

32 **Howalski**. Un Traîneau russe, Très-joli dessin à l'aquarelle.

33 **Schindler**. Postillons et Charretiers à la porte d'une auberge. — Dessin à la plume, lavé d'aquarelle.

Ces deux Dessins sont sur la même feuille.

34 **Campbell**. Vue de Dublin. — Belle aquarelle.

35 **F. Gonin**. Tête de Vieillard. — Belle aquarelle.

36 **Barbarini**. Un Paysage avec fabriques et figures.— Très-jolie aquarelle.

37 **Moessner**. Vue d'un ancien château sur le bord d'une rivière. — Jolie aquarelle.

38 **Van Haanen**. Paysage avec chaumières. Dessin lavé d'encre et de sépia.

39 **Trippel**. Une cathédrale gothique. — Très-belle aquarelle.

40 **Valério**. Un Pâtre hongrois et ses chiens. — Très-belle aquarelle.

41 **Pettenhoffen**. Enfants jouant avec une souris, à la porte d'une maison. — Charmante aquarelle.

42 — Une jeune Fille; Étude d'après nature. — Aquarelle.

43 **E. de Beaumont**. La Portière indiscrète. — Jolie aquarelle.

44 **Lessore**. Une Chaumière au bord d'une rivière. — Jolie aquarelle.

45 **Koller** (de Bruxelles). Charles Ier, d'après Van Dyck. — Aquarelle d'après le tableau du Louvre.

46 **Compte-Calix**. Ventre affamé n'a point d'oreilles.— Belle aquarelle.

47 **F. Maroky**. Petit Pont de bois sur un torrent. — Jolie aquarelle.

48 **C. Hoguet**. Femme de pêcheur. — Belle aquarelle.

49 **Ranste**. Une jeune Fille jouant avec un chat. — Charmante aquarelle.

50 **A. Delacroix**. Tête de Moine, — Très-belle aquarelle.

51 **L. David**. Une Marine. Belle aquarelle.

52 **Alt**. Un Turc couvert d'un manteau de fourrures. — Très-jolie aquarelle.

53 **Anonyme**. Maison de pêcheur sur le bord d'une rivière. — Aquarelle.

54 **Richter**. Une Marine. — Charmante aquarelle.

55 **Ed. Mahlknecht**. Jeunes Enfants au bord d'une rivière. — Jolie aquarelle.

56 **Fritsch**. Une Habitation dans le Tyrol. — Belle aquarelle.

57 **Swoboda**. Le Retour du Conscrit. — Aquarelle.

58 **Moessner**. Un Paysage, effet de lune. — Très-jolie aquarelle.

59 **Stella**. L'Adoration des Bergers. — Joli dessin à la plume, lavé de sépia.

60 **Guerchin**. Sainte Famille. Beau dessin à la plume, lavé de bistre.

61 **Annibal Carrache**. Un Évêque en prière. — Beau dessin à la sanguine. (Collection Lempereur.)

62 **Raoux**. Vertumne et Pomone. — Joli dessin à la plume, lavé d'encre.

63 **Séb. Leclerc**. Joli Paysage. — A la plume.

64 **Ellinger**. Sujet allégorique. — Beau dessin à la plume, lavé d'encre.

65 **Bloémart**. La Mort de la Madeleine. — Joli dessin à la plume, lavé de sépia.

66 **Van der Haagen**. Un Paysage. Beau dessin au pinceau, lavé d'encre de Chine.

67 **Della Bella**. Une Bataille. — Beau dessin à la plume sur vélin.

68 **Zustris**. Sujet de l'Iliade. — Très-beau dessin à la plume. (Collection Damery.)

69 **Masaccio** (Attribué à). Deux Portraits d'homme.— Dessin au crayon noir, rehaussé de blanc sur papier teinté.

70 **Mérian** (Mathieu). Chasse au cerf. — Dessin au pinceau, lavé de sanguine.

71 **Guerchin**. Paysage. — Beau dessin à la plume.

72 **Nicolas Poussin**. Samson et Dalila. — Dessin à la plume, lavé de bistre.

73 **Desfriches**. Paysage avec figures et animaux. — Charmant dessin à la plume, lavé de sépia.

74 **Pinelli**. Intérieur de famille. — Joli dessin au pinceau, lavé d'encre de Chine.

75 **Goltzius**. Bacchus dans un char traîné par des satyres. — Beau dessin à la plume, lavé de sépia et rehaussé de blanc sur papier bleu.

76 **Wouwermans**. Un Soldat chargeant son arquebuse.
— Beau dessin à la pierre noire, rehaussé de blanc
sur papier bleu,

77 **Guerchin**. Un Mendiant à genoux. — Tête de Turc.
— Deux beaux dessins à la plume.

78 **Panini**. Ruines d'anciens édifices romains. — Joli
dessin à la plume, lavé de bistre.

79 **Ribera**. Études pour un saint Jérôme. — Deux très-
jolis croquis à la plume.

80 **Restout**. Jésus et la Samaritaine. — Joli dessin à la
pierre noire, rehaussé de blanc sur papier bleu.

81 **Jean Both**. Un Paysage. — Joli dessin au pinceau,
lavé de sépia.

82 **Piranési**. Ruines d'un ancien monument romain.
Très-beau dessin à la plume, légèrement lavé d'aquarelle. (Collection du prince de Conti.)

83 **Schalken**. Vieille Femme lisant. — Beau dessin à la
pierre noire, rehaussée de blanc sur papier bleu.

84 **Tiépolo**. Saint Augustin et autres personnages adorant la Vierge et l'Enfant Jésus. — Très-beau dessin à
la plume, lavé d'encre et rehaussé de blanc.

85 **Giorgione**. Hercule et Omphale. — Beau dessin à la
plume, lavé de bistre.

86 **Rembrandt**. Sujet de la Bible. — Beau dessin à la
plume, lavé d'encre.

87 **Bourgeois**. Vue du Château Saint-Ange. — Beau
dessin à la plume, lavé de sépia.

88 **Callot**. Huit jolis Croquis à la plume.

89 **Girodet**. Sujet mythologique. — Beau dessin à la
plume, lavé de sépia.

90 **Guido Rhéni**. Saint Antoine adorant l'Enfant Jésus.
— Beau dessin à la plume, lavé d'encre et rehaussé de
blanc sur papier bleu.

91 **Panini**. Vue de Florence. — Très-beau dessin à la
plume, lavé d'encre.

92 **Stella**. Sujet du Nouveau-Testament. — Dessin à la
plume, lavé d'encre de Chine.

93 **Titien**. Paysage avec figures et animaux. — Très-
beau dessin à la plume, lavé de bistre.

94 **Salvator Rosa**. Deux Hommes jouant aux cartes.
— Dessin à la plume, lavé de bistre.

95 **Guerchin**. La Vierge, l'Enfant Jésus et saint Jean.—
Joli dessin à la sépia.

96 **Pontorme**. Combat de cavalerie; fragment de l'un
des cartons de Pise. — Beau dessin à la plume, lavé
d'encre de Chine.

97 **Nicolo del Abbate**. Le Parnasse. — Beau dessin
à la plume, lavé de sépia et rehaussé de blanc.
(Il a été gravé.)

98 **Raphaël Sanzio** (Attribué à). Le Martyre de sainte
Catherine. — Très-beau dessin à la plume, lavé de
sépia et rehaussé de blanc sur papier teinté.

99 **Jules Romain**. Pandore tenant la boîte fatale. —
Beau dessin à la plume, lavé de bistre.

100 **Fra Bartolomeo**. Le Couronnement de la Vierge.
—Joli croquis la plume, lavé de bistre et rehaussé de
blanc.

101 **Séb. Leclerc**. Une Procession à Rome. — Beau
dessin à la plume, lavé d'encre.

102 **Géricault**. Études de Chevaux. — Joli croquis à
la plume.

103 **Joseph Vernet.** Vue des bords du Tibre, à Rome. — Dessin à la plume, lavé d'encre, sur papier bleu.

104 **Piètre de Cortone.** Des Anges portant la croix. — Beau dessin à la plume, lavé de sépia et rehaussé de blanc.

105 **Larue.** Bacchanales. Sujets d'enfants. — Trois dessins.

106 **P. Lély, Van Goyen, Solimène. C. de Vermont.** — Cinq dessins.

107 **Van-Dyck** (École de), **Perin del Vaga, Schidone.** — Cinq dessins.

108 **Girodet, Van den Berghe, Poullet.** — Cinq dessins.

109 **Gérard de Lairesse, Kilian, Bernin, Taraval.** — Six dessins.

110 **Pésarèse, Berettini, P. de Cortone, Spranger.** — Cinq dessins.

111 **Polidore, Baccio Bandinelli, Gaspard de Crayer, Tempesta, Beauvais.** — Six dessins.

112 **Lancret, Verdier, Lépicié.** — Neuf dessins.

113 **Holbein, Brauwer, Largillière, Bourguignon.** — Huit dessins.

114 **Both, Robert, Bourgeois, Piranési.** — Cinq dessins.

115 **Salvator Rosa, Raph. Mengs, Girodet.** — Cinq dessins.

116 **Boucher, Blanchet, Trémollière, Dominiquin.** — Six dessins.

117 **Parrocel, Taunay, Vanloo, Largillière.** — Six dessins.

118 **Cuyp, Piètre Testa, Simon Vouet, Lebrun, Van der Meulen**. — Six dessins.

119 **Panini, Cochin, Coypel**, — Huit dessins.

120 **Watteau, Boucher, Bertin**. — Six dessins.

121 **Tintoret, Greuze, Lafosse, Palma, Poussin**. — Neuf dessins.

122 **V. Auger, Finart, Séb. Leclerc. Lafitte**. — Treize dessins.

123 **Cangiage, Stella, Primatice**. — Sept dessins.

124 **Jules Romain, Raph. Mengs, Callot**. — Six dessins.

125 **Téniers, Séb. Leclerc, Poussin, De Boissieu**. — Huit dessins.

126 **Tintoret, Bouchardon, Léonard de Vinci**. — Quatre dessins.

127 **Wéenix, Moucheron, Pillement**. — Quatre dessins.

128 **Van Dyck, Palamèdes, Ph. de Champagne**. Six dessins.

129 **Carrache, Moucheron, Poussin, Hubert-Robert**. — Cinq dessins.

130 **Carrache, Salvator Rosa, Lebrun, Hemskerk**. — Quatre dessins.

131 **Boucher, Denon, Nattier, Girodet**. — Cinq dessins.

132 **Rosso, Primatice, André del Sarte**. — Cinq dessins.

133 **Carrache, Jules Romain, Primatice**. — Cinq dessins.

134 **Jordaens, Panini, Gravelot**. — Quatre dessins.

135 **Parmesan, Carrache, Palma, Pietre de Cortone.** — Quatre dessins.

136 **Van de Velde, Palamèdes, H. Robert.** — Cinq dessins.

137 **Lancret, Boucher, Vanloo, Girodet.** — Six dessins.

138 **Gravelot, Vanloo, Vien, Lépicié.** — Douze dessins.

139 **Lebrun, Dorigny, Van de Velde, Sylvestre.** Dix dessins.

140 **Lepautre, Lafosse, Nilson, Toro** et autres. — Ornements et Costumes, la plupart inédits. — 258 dessins.

    (Cet article sera divisé.)

141 **Bramante** et **Panini.** Deux dessins.

142 **Parmesan.** Deux dessins. (Collections Mariette, Laurence et Cuningham.)

143 **Dominique Féti** et **Zuccaro.** Deux dessins.

144 **Biliverti** et **Girolamo.** Deux dessins.

145 **Bolognèse** et **Campagnola.** Deux dessins.

146 **André de Milan** et **Della Bella.** Deux dessins.

147 **Fr. Baroche.** La Naissance de la Vierge. — Très-beau dessin à la plume, lavé de sépia.

148 **Schiavone.** Une sainte Famille. — Beau dessin à l'encre de Chine, rehaussé de blanc sur papier bleu.

149 **Baccio Bandinelli** (Attribué à). Une Feuille d'études. — Beau dessin à la plume, lavé de bistre.

150 **Fabrizio Antonengeli.** Moïse sauvé des eaux. — Très-beau dessin au pinceau, lavé de sépia.

151 **Bibiéna.** Intérieur d'un Temple. — Très-beau dessin à la plume, lavé de sépia.

152 **Pietre Testa** et **Della Bella**. Cinq dessins.

153 **André del Sarte** et **Il Cavaliere d'Arpino**. Deux dessins.

154 **Ann. Carrache** et **Swanevelt**. Paysages. — Deux beaux dessins à la plume.

155 **J. Romain** et **Fr. Zuccaro**. Deux dessins.

156 **Polidore** et **Giorgion**. Deux dessins.

157 **Titi Santi**. L'Annonciation. — Très-joli dessin à la plume, lavé de sépia et rehaussé de blanc sur papier bleu.

158 **Ann. Carrache** et **Salembeni**. Deux dessins.

159 **Polidore** et **Salviati**. Deux dessins.

160 **Hackert** et **Gault de Saint-Germain**. Deux dessins.

161 **J. Romain**. Une Bacchanale. — Beau dessin à la plume, lavé de bistre et rehaussé de blanc.

162 **Grimaldi** et **J. Romain**. Trois dessins.

163 **Bibiéna**. Composition architecturale. — Beau dessin à la plume, lavé d'encre.

164 **Piètre de Cortone**. Apparition de la Vierge à saint Jean et saint Benoît. — Beau dessin, lavé de sanguine.

165 **Biliverti**. La Naissance de la Vierge. — Beau dessin à la plume, lavé d'encre et de sanguine.

166 **L'Albane** et **Cangiage**. Deux dessins.

167 **Biggio, Chimenti** et **Tiépolo**. Trois dessins.

168 **Solimène** et **Zuccaro**. Trois dessins.

169 **Tintoret** et **Cigresti**. Deux dessins.

170 **Carle Maratte** et **Raph. Mengs**. Quatre dessins.

171 **Raph. del Garbo.** L'Ordination d'un Prélat. — Très-beau dessin à la plume, lavé de bistre. (Collection P. Soomers.)

172 **Bolognèse** et **Dominiquin.** Paysages. — Deux beaux dessins à la plume.

173 **Romanelli** et **Bacchiche.** Deux dessins.

174 **Botticelli** et **Zuccaro.** Deux beaux dessins à la plume et à la sanguine.

175 **Ramenghi, Tiépolo** et **Raph. Mengs.** Quatre dessins.

176 **Pesarèse** et **Guerchin.** Deux dessins.

177 **Ann. Carrache** et **Passignano.** Trois dessins.

178 **Luca Giordano** et **Polidore.** Trois dessins.

179 **Bramante** et **Balthasar Péruzzi.** Deux très-beaux dessins d'architecture.

180 **Corrége, Guerchin** et **Ann. Carrache.** Cinq dessins.

181 **Feretti** et **Gubbio.** Deux dessins.

182 **Robert, Saftleven** et **Molyn.** Études et Croquis. — Vingt-cinq dessins.

183 **Leclerc** et **Della Bella.** Trente petits croquis à la plume.

184 **Bolognèse, Salviati** et autres. Soixante dessins et croquis.

185 **Callot, C. Dusart** et **Lantara.** Douze dessins.

186 **Simon Vouet, Duplessis** et **Robert.** Trois dessins.

187 **Louis Moreau, Thibault** et **De Boissieu.** Six dessins.

188 **Chaudet, Gérard** et **Diéterlin.** Cinq dessins.

189 **Séb. Leclerc** et **Lantara**. Trois dessins.

190 **N. Poussin, Fragonard** et **Trémollière.** Quatre dessins.

191 **Bolognèse, Bibiena** et **Swanevelt**. Trois dessins.

192 **Tiépolo** et **George Kautz.** Deux dessins à la plume, lavés d'encre et rehaussés de blanc.

193 **Rosso, Primatice** et **Fr. Mola.** Trois dessins.

194 **L'Albane** et **J. Romain.** Deux dessins.

195 **Perugin, J. Romain** et **Véronèse.** Trois dessins.

196 **Cavedone** et **Louis Carrache.** Trois dessins.

197 **Bolognèse, Salvator Rosa** et **Guerchin.** Quatre dessins.

198 **Vasari, le Guide** et **Cavedone.** Six dessins.

199 **L. Carrache** et **Baccio Bandinelli.** Quatre dessins.

200 **Felippo Lippi, Pocchetti** et **Roselli.** Cinq dessins.

201 **Primatice, Vasari,** et **le Guide.** Quatre dessins.

202 **Le Corrége, le Guide** et **Larue.** Quatre dessins.

203 **Primatice.** Cariatides. Six dessins, à la pierre noire et à la plume.

204 **Paul Véronèse.** Trois dessins à la plume, lavés de bistre.

205 **Fr. Baroche.** La Visitation. — Très-beau dessin à la plume, lavé d'encre et rehaussé de blanc sur papier teinté.

206 **Lasteman, Baroche** et **Netscher**. Quatre dessins.

207 **Berghem, Dusart, Molyn** et **Saftleven**. Cinq dessins.

208 **Wouvermans, Van Vittel** et **Netscher**. Six dessins.

209 **Bréemberg, Netscher** et **Rubens**. Six dessins.

210 **Domer, Hackert** et **Saftleven**. Trois jolis paysages.

211 **F. de Witt, Netscher** et **Pietre Testa**. Trois dessins.

212 **Breughel, Keller** et **Campagnola**. Quatre dessins.

213 **Both, Clérisseau** et **Bourgeois**. Quatre dessins.

214 **Berghem, Metzu** et **Martin de Vos**. Quatre dessins,

215 **D. Téniers, Winckebooms** et **Van Bolten**. Trois dessins.

216 **Poélemburg, Diéterlin, Van Engelin** et **Salambier**. Dix dessins.

217 **Schalken, Diepenbeke, Roos de Tivoli** et **Van Orley**. Cinq dessins.

218 **De Grient, Winkebooms, Van de Velde** e **J. Both**. Cinq dessins.

219 **Mathieu Bril, Baudouin, Paul Bril** et **Zeemann**. Quatre dessins.

220 **A. Van de Velde, Wynants, Jacques Pinas** et **Paul Potter**. Cinq dessins.

221 **Wouvermans, Poélemburg, de Vrient** et **Ph. de Champagne**. Cinq dessins.

222 **H. Roos, Ribera, Valdès** et **Murillo.** Quatre dessins.

223 **Holbein, Diéterlin** et **Van Aelt.** Trois des-sins.

224 **Castelli, Nicolle, Rouché** et **Gué.** Dix des-sins.

225 **Clerget, Gault de Saint Germain, Van der Cabel** et **Bourgeois.** Huit dessins.

226 **Pierre Breughel.** Paysage avec figures. — Beau dessin à la plume, lavé de sépia.

227 **Cuyp, Van de Velde** et **Bronkoorst.** Quatre dessins.

228 **Degrave, Bishoff** et **Savery.** Cinq dessins.

229 **Manglard, H. Robert** et **Vien.** Trois dessins.

230 **G. Saint-Aubin, Gravelot, Castelli** et **Naudet.** Cinq dessins.

231 **Oudry, Robert** et **Lempereur.** Cinq dessins.

232 **Poussin, L. Silvestre** et **Letellier de Vernon.** Quatre dessins.

233 **Lepoittevin, Robert, Nilson** et **Ango.** Huit des-sins.

234 **Destouches, Bellanger, Duflos** et **Panini.** Quatre dessins.

235 **Fragonard, Séb. Bourdon** et **Larue.** Quatre dessins.

236 **Hiláire, Gué, Louis Moreau, Robert** et **Clé-risseau.** Cinq dessins.

237 **Boucher** et **J.-M. Moreau.** Trois dessins.

238 **Beaufort, Petitot** et **Bouchardon.** Quatre des-sins.

239 **Demarne, Jos. Vernet, Kappeler** et **Nicolle**.
Six dessins.

240 **Michau**. Paysage avec figures et animaux. — Beau
dessin à la plume, lavé d'encre.

241 **Van Artois**. Paysage. — Beau dessin à la plume,
lavé d'encre et rehaussé de blanc.

242 **Lépicié, Gillot** et **Saint-Aubin**. Cinq dessins.

243 **Gorgiulo, L. de la Hyre, Fontan** et **Augo**.
Sept dessins.

244 **Van de Velde, Berghem** et **Cuyp**. Quatre dessins.

245 **Saftleven** et **Moucheron**. Paysages. — Deux
beaux dessins à la plume, lavés de bistre et d'encre.

246 **Bloemart, J. Both** et **Breemberg**. Trois dessins.

247 **Breughel, Meyering** et **Shelling**. Cinq dessins.

248 **Swanevelt, Van Huysum, Moucheron** et
Van Bloemen. Quatre dessins.

249 **J. Jordaens** et **Lebrun**. Deux dessins.

250 **Van der Ulft**. Une Fête dans l'ancienne Rome. —
Très-beau dessin à la plume, lavé de sepia.

251 **Esselens, Henri Roos** et **Th. Wick**. Cinq
dessins.

252 **Van Hoecke** et **Gérard de Lairesse**. Trois
dessins.

253 **Éverdingen, Van der Does** et **Waterloo**. Cinq
dessins.

254 **Bloemart, Goltzius, Keller** et **Martin de
Vos**. Cinq dessins.

255 **Reynhart, Leprince** et autres. Douze dessins
et croquis.

256 **Louis Carrache** et **Goltzius**. Deux jolis dessins encadrés.

257 **Callot, P. Lély** et **Van de Velde**. Trois dessins, sous verre.

258 **Corrège** et **Primatice**, Deux dessins, sous verre.

259 **Larue** et **Raph. Mengs**. Deux dessins, sous verre.

260 **Manglard, Jos. Vernet** et **Saint-Aubin**. Trois dessins, sous verre.

261 **Battista Franco**. L'Adoration des Mages. — Beau dessin à la sanguine, sous verre.

262 **N. Poussin, Ann. Carrache** et **Thibault**. Trois dessins, sous verre.

263 **Jules Romain**. La Bataille aux Éléphants. — Très-beau dessin à la plume, lavé d'encre et rehaussé de blanc sur papier bleu. (Il a été gravé.)

264 **Pietre de Cortone** et **Primatice**. Sept dessins.

265 **Castiglione, l'Albane** et **le Corrége**. Dix dessins.

266 **Dunker, Molitor, Jean Livens, Mathieu Bril** et **Marinus**. Douze dessins.

267 **Saftleven, Martin de Vos, Reichberger, Van der Werf** et **Van Clève**. Huit dessins.

268 **Alonzo Cano, Herrera** et **Murillo**. Huit dessins.

269 **Francisque Millet, Hals, Fragonard** et **Subleyras**. Onze dessins.

270 **Bocquet, Hackert** et **Huet**. Dix dessins.

271 **Larue**. Sept dessins.

272 **Lesueur, Verdier** et **Callet**. Six dessins.

273 **Gault de Saint-Germain, Desfriches** et **Greuze**. Douze dessins.

274 **Sarrasin, Desfriches, Cicéri, Hildebrandt** et **Jeanron**. Neuf dessins.

275 **Gamelin**. Quatre belles Études de Paysage.

276 **Tempesta, André Sacchi, Guerchin** et **Rysbraeck**. Huit dessins.

277 **Santi, Roos de Tivoli, Berghem,** et **Van de Velde**. Dix dessins.

278 **Cangiage**. Six très-beaux dessins à la plume, lavés d'encre. (Collection Andréossy.)

279 **Descour, Ménageot, Subleyras** et **Taillasson**. Treize dessins.

280 **Castiglione, Guerchin** et **Tiepolo**. Six dessins.

281 **Eugène Delacroix**. Vingt-six Croquis et Études.

282 **L.** et **Aug. Carrache, Bramer, Rubens** et **Quillyn**. Dix dessins.

283 **Breughel, Hufnagh, Siébreckt** et **Terburg**. Dix dessins.

284 **Van Liander, Van Uden, Louis Moreau, Waterloo** et **Brandt**. Douze dessins.

285 **Fuger, Jordaens** et **Bertin**. Douze dessins.

286 **Rigaud, Latour, Boucher** et autres. Environ trente Études de Figures et de Paysages.

287 **Vanloo, Pedretti, Vien, Largillière** et **Eisen**. Vingt dessins.

288 **Romanelli, Panini** et **Huet**. Huit dessins.

289 **Della Bella, Panini, Rap. Mengs** et **Piazzetta**. Quinze dessins.

290 **Pérignon, Lazerche** et autres. Environ soixante dessins.

291 **Croquis** et **Études** diverses. Environ quarante dessins.

292 **Alaux**. L'Assomption de la Vierge. —Un pélérinage.
Deux dessins lavés d'encre et de sépia.

293 **Michallon** et **Papety**. Portrait de Mme Dorval.—
Tête de jeune fille romaine. — Deux dessins à la
mine de plomb.

294 **Westall**. Deux jolis dessins à l'aquarelle. (Ils ont été
gravés et publiés dans un Keepsake anglais.)

295 **Desmoulins** et **X. Leprince**. Trois dessins à l'a-
quarelle.

296 **Perret** et **Lesueur** (1821). Deux dessins à la sépia.

297 **Seurre** et **Vatinelle**. Quatre très-jolis dessins à la
pierre noire, lavés de bistre.

298 **Francia** et **Soldé**. Deux aquarelles.

299 **Géricault**. Deux dessins à la plume; lavés de sépia.

300 **Achille Lefèvre**. Un très-joli dessin à l'aquarelle.

301 **Thibault** et **Mary**. Quatre dessins à la sépia et à la
mine de plomb,

302 **Alaux, Coutan** et **H. Vincent**. Trois jolis dessins
à la mine de plomb et à la sépia.

303 **Léon Cogniet, Coutan** et **L. Dupré**. Trois jolis dessins à la sépia, rehaussés de blanc sur papier
teinté.

304 **A. Moine** et **Percier**. Trois dessins à l'aquarelle,

305 **Desplan, Garnaud** et **Villain**. Vues de Monuments de Rome. — Quatre jolis dessins à la sépia.

306 **Bonnington**. Paysage. —Très-joli dessin à la mine
de plomb.

307 **Chasselat** et **Pinelli**. Trois dessins.

308 **Bourgeois, Gaumel** et **Ricciardelli**. Quatre
dessins.

309 **Carle Vernet** et **Cicéri père**. Deux dessins à la plume, lavés d'encre.

310 **Meynier**. Composition pour un Plafond.—Beau dessin à la plume, lavé d'encre et de sépia.

311 **Meynier**. Sujets de l'Histoire romaine.— Deux très-beaux dessins à la plume, lavés de sépia, et rehaussés de blanc.

312 **Gillot** et **Salambier**. Trois dessins d'ornement.

313 **Raph. Mengs**. Sujets Mythologiques. — Dix-sept dessins à la sanguine.
   (Cet article sera divisé.)

314 **Fragonard**. Composition pour le *Télémaque*. — Dessin à la pierre noire et au bistre.

315 **Salambier**. Arabesques. — Trois dessins à la plume sur la même feuille.

316 **Rubens**. Un Lion dévorant un Cheval. — Très-beau dessin à la pierre noire, rehaussé de sanguine.

317 **Mongin**. Intérieur d'un Parc. — Très-belle gouache.

318 **L. Backuysen**. Une Marine. — Beau dessin à l'encre de Chine.

319 **Michau**. Vue de l'entrée d'une ville de Hollande. — Très-joli dessin à la plume, lavé d'indigo.

320 **Guillaume Van de Velde**. Une Bataille navale.— Très-beau dessin à la plume, lavé d'encre.

321 **Tiépolo**. Trois beaux dessins à la plume, lavés de sépia.

322 **Goltzius** et **Cangiage**. Deux très-jolis dessins à la plume, lavés d'encre.

323 **Marco Vecelli**. Une feuille de costumes. — Beau dessin à la plume.

324 **Wouvermans**. Le Passage d'un gué. — Beau dessin
à la plume, lavé d'encre.
Au verso : un croquis de bataille.

325 **Perin del Vaga**. Deux beaux dessins d'architecture et d'ornement.

326 **Everdingen**. Paysage avec rochers et chute d'eau.
Beau dessin à la plume, rehaussé.

327 **Riestchoff**. Un Combat naval. — Très-beau dessin
à la plume, lavé d'encre.

328 **Lebarbier l'aîné**. Une composition allégorique sur
la mort d'un conseiller au parlement. — Beau dessin
à la plume, lavé d'encre.

329 **Boucher**. Quatre feuilles d'études de mains. — A la
sanguine, rehaussés de blanc sur papier teinté.

330 **Mutian**. Le Baptême de saint Jean. — Très-beau
dessin à la plume, lavé de sépia.

331 **Rembrandt**. Jésus prêchant. — Beau dessin à la
plume.

332 **Prudhon**. Académie d'homme. — Dessin à la pierre
noire, rehaussé de blanc sur papier bleu.

333 **Breughel le Vieux**. Une Réunion de Seigneurs et
de Dames. — Très-joli dessin à la plume, lavé d'aquarelle.

334 **Caresme**. Intérieurs de cabaret. — Deux gracieuses
compositions à l'aquarelle.

335 **Lagrenée**. Études de têtes. — Deux beaux dessins
aux trois crayons sur papier bleu. (Collection Flüry-
Hérard.)

336 **Eisen** et **Ramberg**. Deux dessins.

337 **F. Périer** et **Delafosse**. Trois dessins.

338 **Burgkmayr** et **Monrone**. Trois dessins à la plume et à la sanguine.

339 **Gault de Saint-Germain** et **H. Robert**. Trois dessins.

340 **Della Bella**. Un Sacrifice. — Beau dessin au pinceau rehaussé de blanc sur papier teinté.

341 **Guerchin**. Sujet mythologique. — Beau dessin à la sanguine.

342 **J.-B. Huet**. La Vierge et l'Enfant Jésus. — Très-joli dessin aux trois crayons.

343 **Lancret**. Etude de figure de femme drapée. — Joli dessin à la sanguine.

344 **Leprince** et **Saint-Aubin**. Deux dessins à la plume, lavés d'encre.

345 **Casanova**. Une Bataille. — Très-beau dessin à la plume, lavé de sépia.

346 **David de Marseille**. Paysage avec ruines d'anciens monuments. — Beau dessin à la plume, lavé d'encre.

347 **Panini** et **Hubert Robert**. Quatre dessins.

348 **Gentileschi, Guérin** et **Lebrun**. Trois dessins.

349 **Hilaire, Huet** et **Lantara**. Trois dessins.

350 **Mallet**. Sainte Clotilde. — Charmant dessin à la gouache.

351 **Mallet**. Saint Bruno. — Joli dessin à la gouache.

352 **Greuze**. La Diseuse de bonne aventure. — Très-beau fac-simile.

353 Sous ce numéro seront vendus plusieurs Lots de Gravures.

ESTAMPES

LITHOGRAPHIES & PHOTOGRAPHIES

354 **H. Dupont, Decamps, Gavarni, Charlet, Léopold Robert, Prévost, Mercury,** et autres. Soixante pièces du journal *l'Artiste*.

355 **Leroux** et **Burdet**. Portrait de Lafayette, d'après Scheffer. — Psyché et l'Amour, d'après Picault, épreuve avant la lettre. — Deux pièces.

356 **Wille, Lombart, N. Delaunay** et **Morghen**. Portraits de Volta, Necker, Elisabeth de Gouy et autres. — Dix pièces.

357 **Martinasis, Desains,** et **Ellis**. Dix pièces d'après Greuze, Hobbéma, etc.

358 **Forster, Marais, Levillain** et autres. Vues de Suisse, etc. — Environ cinquante pièces.

359 Photographies, Portraits et Sujets. — Seize pièces.

360 Sous ce numéro, un grand nombre de Gravures, Lithographies et Photographies seront vendues par lots.

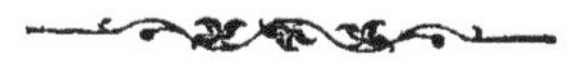

Renou et Maulde, imprimeurs de la Compagnie des Commissaires-Priseurs, rue de Rivoli 144.   9331

www.ingramcontent.com/pod-product-compliance
Ingram Content Group UK Ltd.
Pitfield, Milton Keynes, MK11 3LW, UK
UKHW031711170726